MAFFRE DE BAUGÉ

DU SENS INTERNATIONAL

CHEZ LES PROVINCIALISTES

DISCOURS

PRONONCÉ AU BANQUET DES FÉLIBRES

A CETTE, LE 31 MAI 1896

❈

MAINTENANCE DE LANGUEDOC

—

1896

DU SENS INTERNATIONAL

CHEZ LES PROVINCIALISTES

MAFFRE DE BAUGÉ

DU SENS INTERNATIONAL

CHEZ LES PROVINCIALISTES

DISCOURS

PRONONCÉ AU BANQUET DES FÉLIBRES

A CETTE, LE 31 MAI 1896

—✷—

MAINTENANCE DE LANGUEDOC

1896

DU SENS INTERNATIONAL

CHEZ LES PROVINCIALISTES

MESSIEURS,

N de nos plus ardents frères d'armes, au
début de ces *Mois dorés !* salués avec autant
d'ampleur que de substance, de sagesse
que de jeunesse, par MM. de Berluc-Perussis et de
Tourtoulon, empruntait, au *Jugement de la critique
esthétique* de Kant, cette constatation sublime que
l'Art fut le premier cri de la Nature vers la Liberté.
Votre indulgence me sauve d'une ruse vaniteuse. Je
ne vous demande pas de qualifier mes paroles d'après
leur but libertaire ; mais vous me permettrez, en tant
que poète rural, de me réclamer, sinon de l'Art, du

moins de cette Nature amie de qui l'aime, et à laquelle
on ne saurait mieux plaire qu'en noyant les forces
de son esprit dans l'expansion de sa révolte harmo-
nieuse.

Révolte ! Harmonie ! paradoxal hymen que nous
avons la tâche d'expliquer, nous qui sommes du parti
ouvert et attractif de la Nature. D'autre part, cette dernière ne nous facilite-t-elle pas elle-même son exé
gèse ? N'avons-nous pas pour auxiliaires constants
ses éléments brutaux ou mystiques ?

Leur marche de conserve m'irradiait, m'élargissait
la poitrine, lorsque je mettais, ce matin, le cap sur
votre montagne rose. La joie des flots me décelait
qu'ils étaient dans le secret de mon voyage. En l'air,
la voile latine palpitait de l'amoureux soupir du Monde
vers l'Aurore, et, dans le baiser que rendait l'Aurore
à l'Univers, les humbles matelots n'étaient pas plus
oubliés que la voile. Elle s'avivait de pourpre, et,
contrainte des idées qui meuvent tout, je pouvais
croire qu'au lieu de vous apporter mon pavillon de
fidélité provincialiste, c'était le drapeau même de
notre cause, aptère comme une Victoire, qui m'empor·
tait vers vous !

La magie de l'heure me donnait déjà contact de la
fête présente, et, non seulement de la fête présente,
mais des triomphes futurs. Vers le but radieux,
fusant à l'horizon rapproché de la mer en geiser de
flammes, nous allions, soulevés par de hautes vagues
acclamantes, par des enthousiasmes bouillonnants de

peuples et sous des arcs enguirlandés de printemps...

Mais n'était-ce point là une lueur de réalité ?

Depuis quelques mois, notre marche a été rapide à distancer tous les optimismes. Nous n'étions qu'une phalange, nous sommes une armée ; et les paroles jaillies de notre cœur, seule source de notre art, imposent aujourd'hui, affirmeront demain la péremption de la charte centralisatrice.

Les voix isolées des faidits errants se sont agrandies, fixées en voix de cités, en voix de provinces ; nous avons pu réclamer, platoniquement mais assez haut, devant le décennal tribut encore offert au minotaure cosmopolite, la liberté de notre propre denier. Oui, non pas licence de prendre des milliards dans la poche des autres, quelques millions seulement à réaliser de notre fonds pour bâtir, en place de baraques démontables, des édifices permanents de granit et d'esprit : pour racheter, *ad majorem Galliæ gloriam,* des gloires si belles, si réelles, qu'elles ont pris du rajeunissement à des siècles de tombeau !

La mesure, la qualité de ces gloires ? Qu'on examine nos revendications ! Si elles doublent leur esthétique de justes correspondances matérielles, elles maintiennent en première ligne le motif de beauté : le Lion d'Arles est moins à la terre par les griffes que par le regard au soleil !

C'est que, dans ces manifestations pour la petite patrie, notre abstraction latine s'est trahie. Elle a fait généreusement éclater le prétexte, pulvérisé l'intérêt

casuel en l'absorption de splendeur, et, citoyens d'un
coin de terre, nous avons élargi l'objet de nos luttes
et de notre amour de l'infini de ciel qui le recouvre !
Notre part d'hoirie s'est dispersée dans le rayonne-
ment de l'astre de suprême justice dont reste inen-
tamable la synthèse. Fils de ceux qui résumaient,
pour le mérite de lumière, le passage des générations
humaines dans la typique pérennité des héros, nous
avons seulement désiré à l'aigrette de nos casques
les fulgurations du divin !

Pourquoi nous accuser alors de rapetisser le sens
national aux dimensions du champ paternel ? Et
quand un torse de marbre trouvé dans ses sillons
dépasse la taille de ces soi-disant Français qui, pour
se tenir debout, s'infusent de sang étranger et font la
roue d'être des métis ! Non, il y a plus peut-être en
nous qu'une conception de nationalité, et cette tradi-
tion, à laquelle on nous reproche de nous inféoder,
lui donne du moins une singulière ouverture d'angle.
Elle atteste, elle revendique, par ses fastes seuls,
l'ambition d'une humaine hégémonie. Aussi ne
voyons-nous pas trop éloignée l'époque où nous répa-
rerons, en franche allure de sentiment, de systémati-
que sentiment, les flottements, les inquiétudes des
diplomaties étatistes. Politique de race, d'abord, et,
gagnant le large, politique d'expansion chevaleresque.

Naguère, pareille à César, la latinité France élevait,
au-dessus des flots de débâcle, ses commentaires de
famille et son glaive brisé. C'est sur un promontoire

lumineux qu'elle dresse maintenant, au bout de ses bras, les pages sauvées du verbe ancestral et son épée à laquelle le Tsar éblouissant de l'azur refait une lame d'éclairs ! Elle a repris l'aplomb de sa destinée et son périlleux lot d'amour. Ah ! qu'on la trahisse encore, méritons-lui toujours la parole du Maître : « Elle a choisi la meilleure part — qui ne lui sera point ôtée... » Serait-ce la peine de combattre — et de vivre — dans la laideur et pour la proie ? dans la duperie aussi, puisque le bonheur du monde ne tient qu'à rendre libres ou à frayer des chemins à l'activité et à la fraternité ?...

Considérations nuageuses, pernicieuses, au dire d'aucuns. Soyons de sang froid. Calculons... Lorsque je considère le dessin de ces calculateurs, — qui apprirent les mathématiques dans la salle de danse dont parle Figaro — il me semble voir un troupeau de Shylocks avec leurs balances tarées et leurs couteaux... A bas le calcul ! et vive le sentiment qui sait, lui aussi, lorsqu'il le faut, faire briller son glaive !

Mais pourquoi plaider l'immixtion du sentiment dans la politique étrangère ? Ne l'y avons-nous pas installé en maître ? Lorsque l'Etat, suivant son rôle et son particulier devoir, s'est allié avec la Russie, n'y fut-il pas déterminé par une rurale poussée de cœur ?

Etait-ce la raison qui faisait jeter son cri de : « Vive le Tsar ! » au paysan de Willette, tandis que passe en vertigineux rêve le rapide emportant vers Paris l'amiral Avellane ? — à ce rustaud attaché au sol nourricier comme végétativement et tout engaîné de glèbe ? Et si c'était raison en résultat, c'est que la meilleure se trouve dans le cœur, et que les cœurs sont d'autant vivaces qu'on ne les transplante pas !

Oui, le cœur tient seul la raison — et le génie, cet instinct à longue portée.

Un homme, dont je ne prononcerai pas le nom, par ménagement pour le jour où le Midi entier l'acclamera, mais que je désigne assez en disant qu'il est le digne héritier de Katkoff, m'écrivait, la semaine dernière : « La Russie se dérobe à l'observation ; il faut, » ainsi que le demande notre poète Tutcheff, avoir foi » en elle... » Et mon éminent ami ajoutait qu'il était sûr de trouver parmi nous, de la maison du paysan à nos assemblées provincialistes, cette foi, cette communion dans un idéal paladin et civilisateur qui nous soutient pour la défense de nos mœurs, de nos piétés familiales, qui nous achemine vers la réunion de la race et, demain, à l'universelle harmonie...

S'est-il trompé ? Messieurs, je vous le demande. Mais, avant votre réponse, j'ai celle du marin marseillanais qui tenait la barre de la *catalane* blanchissant le flot en vue de Saint-Clair, et elle m'a rassuré sur la vôtre. J'ai amené cet homme du peuple vers vous, les soldats et les poètes du peuple, et, plus intime, plus précieuse, de sa bouche, sera la définition que nous enverrons à Moscou...

Pourquoi faut-il, cependant, que l'alliance franco-russe devance l'union latino-slave ? que, par exemple, nous en soyons à de simples démonstrations avec nos frères d'au-delà les Pyrénées ? Et que ne sont-elles déjà, ces Pyrénées, la colonne dorsale des deux moitiés d'un même peuple ?

Chez nos alliés de l'Est, une progression d'événements nous le signale, l'agrégat rêvé par les nationalistes se réalise. Les groupes slaves, détachés de leurs adhésions impies et leurrantes à la Triplice, font retours d'enfants prodigues à l'hégémonie tutélaire et sacrée... Oui, pourquoi ce retard au ralliement latin ? Grâce à notre incurie, parfois à de criminelles arrière-pensées, devons-nous présenter une aile incomplète au rythme de la paix ou à la bataille éventuelle ?

L'impatience de la nécessaire solution m'était récemment manifestée, en termes aussi nobles que poignants, par un des hommes les plus grands de l'Espagne : j'ai nommé l'illustre Balaguer. Peu après, le député cubain Labra déclarait l'urgence d'une politique extérieure de famille ; comme nous, il invoquait la logique d'amour...

Mais répliquera la méthode étatiste : « L'Espagne se tourne vers nous parce qu'elle a besoin de nous... »

L'Espagne s'est tournée seulement vers sa Reine...

Et puis, à de telles remarques, à de tels soupçons, nous ne reconnaissons pas le procurateur fondé de notre sang.

Notre sang n'hésite, ni ne soupçonne. Devant cet

admirable peuple que les épreuves grandissent, qui
n'a besoin que de lui-même pour une nouvelle apo-
gée, nous serions séduits de beauté, si la parenté ne
nous fournissait pas l'attraction péremptoire... Mais
ne serait-elle pas aussi l'attraction simplement fran-
çaise de courir sans appel à qui est en danger ? Le
Sganarelle moderne nous a-t-il changé la place du
cœur ?

L'Italien fredonne : « *Meglio esser più che non esser
me più...* » Il serait désirable que ce ne fût pas là
simple fredon derrière les Alpes ; mais, des deux côtés
des Pyrénées, il est toujours doux parce qu'il est fier
de dire : « Etre nous-mêmes ou n'être plus ! » Nous
ne sommes pas déchus — à changer notre manière.
Et depuis quand, d'ailleurs, la fortune adverse a-t-elle
droit de déchéance sur les vaillants ?...

Sommes-nous enfin si hors de cause dans la non-
dépossession de l'Espagne aux Antilles ?

Quoi ! nous objectera-t-on immédiatement, ne
seriez-vous autonomiste qu'en pratique égoïsme ? Sous
peine de lèse-théorie, votre sympathie revient de
droit aux Cubains révoltés. Dans la mesure de justes
réformes, oui. Mais parce que, malgré vos clichés fas-
tidieux, nous savons faire passer la raison de la patrie
et, en ce cas, la question de race avant nos satisfac-
tions théoriques, la personnalité comme le groupe
devant, du reste, d'après nous, être sacrifié à un bien
plus général, nous ne relevons à cette heure, dans la
révolte de « la toujours fidèle », révolte plus que

secourue par les Yankees, qu'une atteinte à l'intégrité
du patrimoine latin ! Une menace aussi à l'Europe...
Le fanion autonomiste reste de trop petite dimension
à masquer le drapeau de l'Amérique saxonne déployé
de toute son insolence devant la vieille aristocratie
latine, en revanche sans doute de ce que celle-ci versa
son sang pour lui gagner la liberté !

Est-il déployé pour la première fois l'étendard aux
multipliantes étoiles? Depuis plus de trois quarts de
siècle, l'annexion décidée par Jefferson et Monroë
n'est-elle pas tentée? Notre nourrisson d'outre-mer a
vite mis des dents cruelles. Sans cependant remonter
bien loin, ne voyons-nous pas les Etats-Unis — si
férus de droit international pour l'*Alabama* — surpren-
dre à l'Espagne malheureusement occupée la reddi-
tion du *Virginius*, comme ils réclament maintenant
le *free trade* en faveur de leurs flibustiers? La méthode
— depuis l'arbitrage de Genève — a changé. Quand on
est les plus forts, à quoi bon plaider ? Qu'est le droit
des neutres devant celui qui les prime tous? C'est,
d'après cette jurisprudence sommaire des cousins de
John Bull, jurisprudence de race, que l'Espagne doit
souffrir qu'on importe chez elle ce qui doit la tuer...

Cette mise en action de la brutalité et de la sur-
prise nous vint jadis de l'Est ; c'était le sens tradi-
tionnel des migrations ; par retour, elle nous arrive à
présent de la terre affranchie avec Lafayette et Rocham-
beau...

Européens endormis, ne la voyez-vous pas, à la

ligne extrême de la mer, la tornade formidable qu'il serait temps peut-être de fracasser à coups de canon ?..

Bénévolement, vous avez cru que la doctrine Monroë était une extension de l'esprit d'indépendance ? O ironie ! Elle était la phase préparatoire, la phase hypocrite de la politique, d'annexion, le propre de ces Saxons, qu'il n'est pas besoin de gratter beaucoup pour découvrir le pirate !

Et vous voulez que nous nous arrêtions aux griefs, si justes soient-ils, de ceux (Oh ! je les salue en tant que braves !) qui, au prix d'illusoires promesses, passent à l'ennemi ? au double ennemi ?.. En terre d'Oc, nous ne sommes pas séparatistes à ce point. Il faudrait d'ailleurs nier qu'un syndicat américain d'annexion ne s'est pas formé, que, l'Espagne déplacée, il n'a pas, pour premier article de son programme, d'imposer, comme on impose en Alsace-Lorraine, aux petits enfants ibères, la langue de l'allié devenu soudain l'implacable occupant ?.. d'imposer la langue de la certaine sujétion là où le parler maternel ne tardera pas à proclamer réparation et équité...

Oh ! avions-nous raison, félibres ! de mettre dans la langue le criterium de toute indépendance ? Et quelle éternelle admiration, quels tribus de reconnaissance ne devons-nous pas à qui, modeste paysan ou splendide poète, nous l'a conservée ? La langue ?... Elle a son poste militaire à tous degrés. Sous-dialecte, elle garde la province ; dialecte, elle garde la patrie ; mère, elle garde la race !

Tu veux me contraindre à ta langue étrangère, et tu
prétends m'apporter la délivrance. L'une est exclusive
de l'autre.

Arrière ! Ce n'est pas seulement mon champ que tu
convoites. C'est mon foyer, c'est mon âme ! l'âme de
mes aïeux et de mes fils ! et que le Dieu des révoltes
— saintes celles-ci — t'empêchera d'asservir !

Que les autonomistes cubains prennent conseil au
Canada et expérience au Mexique. En attendant, leurs
cannes à sucre sont brûlées et, premier résultat com-
mercial, le planteur du Sud se frotte les mains devant
la hausse.

A notre dernière assemblée, le félibrige s'attribuait
une mission plus haute que des discussions de dési-
nences. Il affirmait avoir, pour œuvre primordiale, le
relèvement total de la Patrie. Bien loin de travailler
au séparatisme, il voulait, au contraire, l'anéantir par
le retour vivant à la France hémiplégique des régions
que la centralisation paralyse depuis que la fausse
croisade les a écrasées. Nous dirons plus. Par l'apport
de sa renaissance, le provincialisme déterminera, vers
le Beau et l'Utile, le rôle national, en dotant le conseil
de la grande patrie de la lucide véhémence du sentiment terrien.

Ainsi que le rustre émouvant de Willette, adressons
donc, au Chef auguste des peuples slaves, de ces peuples bons comme la jeunesse, l'hommage respectueux
de nos chevaleresques traditions, la fleur de notre

idéal de poètes d'action ; mais songeons aussi, pour l'avancement de l'*excelsior* final, à la reprise *complète* du pacte de famille...

Il est projet parmi nous, Messieurs, d'aller à Barcelone. Soyons-y les vrais, les dignes précurseurs d'une alliance de telle qualité. Quand nous aurons condensé les clauses du traité dans une accolade magnifique, la Poésie rédigera le protocole !

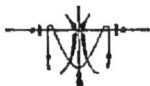

MONTPELLIER. — IMP. GUSTAVE FIRMIN ET MONTANE.

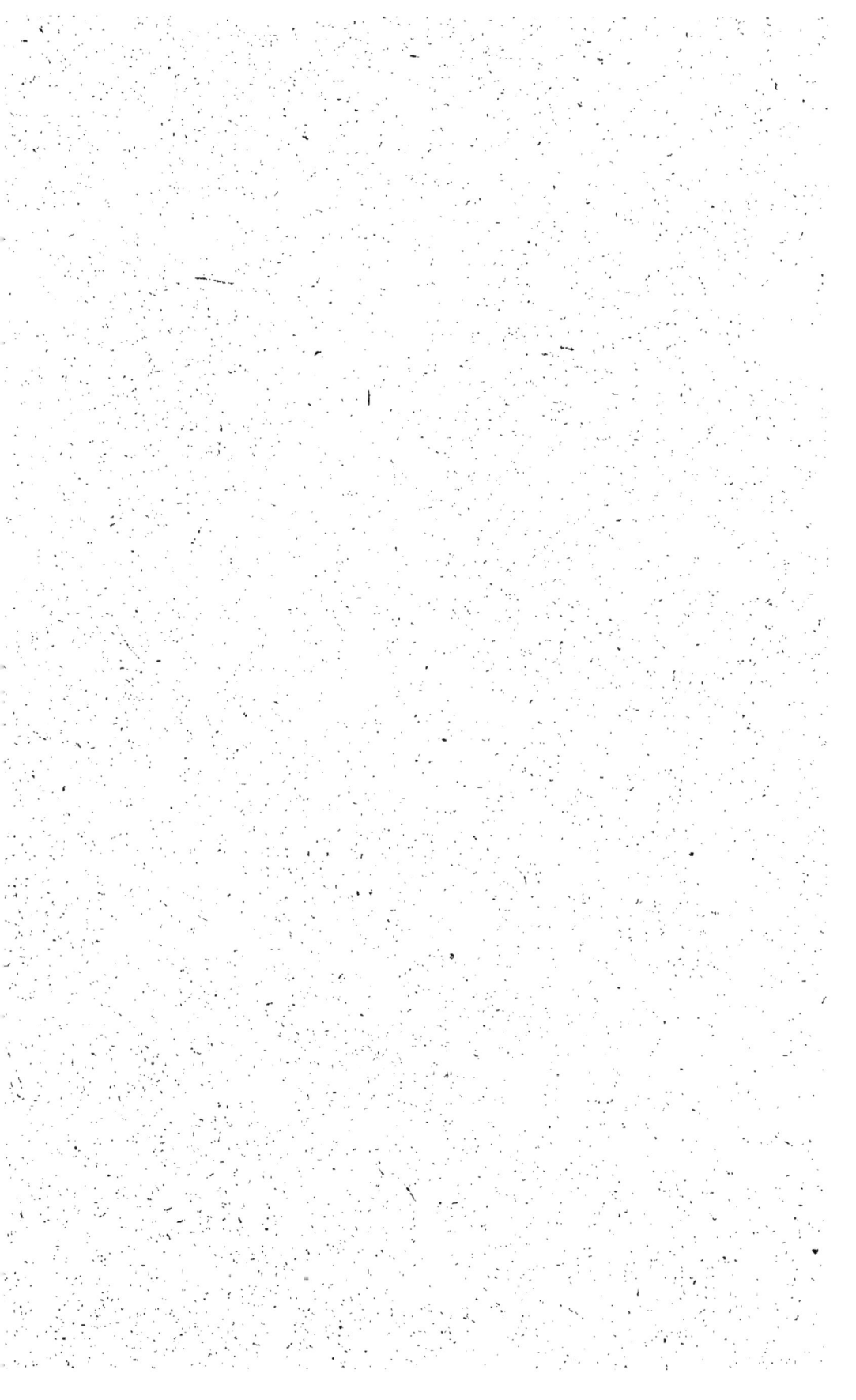

POÉSIES DE MAFFRE DE BAUGÉ

Pour paraître en août 1896

PREMIER VOLUME

LES GANTS BLANCS

Pour paraître en janvier 1897

DEUXIÈME VOLUME

LA CHEVAUCHÉE D'ANTIOCHE

www.ingramcontent.com/pod-product-compliance
Lightning Source LLC
Chambersburg PA
CBHW061805040426
42447CB00011B/2488